Amor por sorpresa

Lourdes Miquel

Colección **Hacerse mayor**

Amor por sorpresa

Lourdes Miquel

Coordinación editorial y redacción: Pablo Garrido
Diseño de cubierta: Difusión
Maquetación: Difusión
Ilustraciones: Sven Palmowski, Barcelona

ISBN: 978-84-16057-32-0
Depósito legal: B 6073-2014
Reimpresión: mayo 2018
Impreso en España por Gómez Aparicio

 difusión

C/ Trafalgar, 10, entlo. 1ª
08010 Barcelona
Tel. (+34) 93 268 03 00
Fax (+34) 93 310 33 40
editorial@difusion.com

www.difusion.com

Índice

Capítulo 1

Cumpleaños

20 de junio. Ocho de la mañana. España. Madrid. Barrio de Argüelles. Calle Vallehermoso número 166. Cuarto derecha. Recibidor. Pasillo. Baño. Manu está duchándose.

«Hoy es un día muy raro. Me dan las notas finales, es el último día del curso y es mi cumpleaños. Uf, ¡qué rara es la vida!».

Sale de la ducha, se seca y se pone desodorante y colonia[1]. Se viste.

«Me voy a poner esa camiseta marrón, que siempre me da suerte…».

Y va a la cocina a desayunar. Enciende la luz y oye:

–¡¡Felicidaaades!!

Su madre, su hermana Cristina y su hermano Jaime están en la cocina, con regalos y dieciséis velas encendidas encima de una barra de pan.

–Sopla[2], sopla las velas –le dice su madre.

–Y pide un deseo –le dice Cristina.

«Aprobar los exámenes y salir con chicas, con muchas chicas…», piensa Manu.

Sopla. Las dieciséis velas se apagan.

–¿Qué deseo has pedido? –le pregunta Cristina.

–Los deseos son secretos –le dice Manu.

–Seguro que el microbio[3] ha pedido chicas, chicas y chicas –dice Jaime, su hermano mayor.

–Calla, imbécil[4]. Y no soy un microbio. Tengo dieciséis años… –le dice Manu muy enfadado.

---

1 **colonia** perfume 2 **soplar** sacar aire por la boca para apagar las velas 3 **microbio** ser vivo muy pequeño, microscópico 4 **imbécil** se usa para decir que alguien hace cosas mal hechas, con poca inteligencia

–Bueno, bueno, calma… –les pide la madre–. ¿No quieres ver los regalos?

Manu ve tres paquetes al lado de los cereales y el Cola-cao[1].

Abre el primero.

–¡Colonia! ¡Genial! Y esta marca me gusta mucho. Gracias, mamá.

A Manu le encanta ponerse colonia, mucha colonia.

–Abre el mío, Manu –le pide Cristina.

–¡Desodorante! ¡Qué bien! Gracias, Cris.

–Y ahora el mío, microbio.

–Grrr. ¿Un regalo tuyo? Jo[2], qué raro. ¿Te encuentras mal?

Manu abre el regalo de su hermano:

–¿Una cinta métrica[3]?

–Como todo el día estás midiéndote, la puedes llevar siempre en la mochila…

–Yo no estoy midiéndome todo el día.

–¿Ah, no? Siempre me preguntas: «¿Soy bajo?», «¿Soy más alto que la semana pasada?», «¿Tú cuánto mides?»…

Manu es bajito y quiere ser alto, tan alto como su hermano Jaime o más.

–Vamos a ver cuánto mides hoy, el día de tu cumpleaños… –le dice Jaime acercándose.

–¡No, tío[4], no!

Jaime toma la cinta métrica y mide a Manu:

–Uno sesenta y dos.

–Has crecido, Manu –le dice Cristina.

«¡¡¡He crecido!!!», piensa Manu. «¡¡¡Bien!!!».

---

1 **Cola-cao** una especie de chocolate que se toma para desayunar 2 **jo** se usa, coloquialmente, para protestar o para decir que algo nos parece injusto 3 **cinta métrica** se usa para tomar medidas, puede ser de varios metros 4 **tío/tía** manera de llamarse entre amigos jóvenes

–Qué manía[1] con eso. Lo importante no es si una persona es alta o baja, gorda o delgada... Eso no es lo importante... –les dice la madre–. Lo importante es...

–Mi cumple[2] –dice Manu.

–Sí, sí, vale, tu cumple... Pero lo importante –dice la madre–, lo realmente importante es ser una buena persona... Desayunad rápido, chicos, que se hace tarde.

Un rato después Manu va al instituto a recoger sus notas. Está bastante tranquilo. Ha tenido clases particulares de las dos asignaturas que más odia, Inglés y Matemáticas. Y con las otras asignaturas no tiene problemas. O eso espera.

Al llegar al instituto se encuentra a Ibrahim y a Carlos, sus mejores amigos.

–¿Estáis nerviosos, tíos? –les pregunta Carlos.

–Yo no –dice Manu–. No sé si soy inconsciente o realista...

–Je, je. Dentro de media hora te contesto.

–Yo estoy muy tranquilo –les explica Ibrahim.

–Claro, porque tú eres un crack[3], tío. Seguro que vas a tener un diez en todo.

Al salir del instituto los tres están contentos: lo han aprobado[4] todo. Ibrahim con unas notas excelentes.

–¡He sacado un seis en Mates! ¡Bien! –Manu está muy contento–. ¡Todo el verano sin estudiar!

Carlos está preocupado.

–Mi padre se va a enfadar mucho con tantos cincos... Cinco en Lengua, en Inglés, en Mates...

–Pero no tienes ni un suspenso[5], tío.

–Sí, pero a mi padre no le gustan los aprobados. Él quiere notables y sobresalientes... Ochos y nueves.

---

1 **manía** obsesión, algo que nos preocupa constantemente   2 **cumple** cumpleaños (entre jóvenes o coloquialmente)   3 **crack** los jóvenes utilizan esta expresión para decir que alguien es muy bueno en algo   4 **aprobar** en un examen, sacar más de un cinco sobre diez   5 **suspenso** nota más baja que cinco

–Tranqui[1], tío. Lo tienes todo aprobado y pasas de curso. Eso es lo que importa –dice Ibrahim.

–Venga. Os invito a tomar algo, que hoy es mi cumple.

Por la noche, la madre de Manu ha preparado una cena especial con un enorme pastel de chocolate.

–Qué bueno, mamá. ¿Puedo tomar un trozo más de pastel? Uy, el móvil. Hola, papá.

–Muchas felicidades, hijo. Te estás haciendo mayor, ¿eh?

–Sí, je, je. ¿Sabes? Lo he aprobado todo.

–¡Qué alegría, hijo! Estoy muy contento. ¿Qué te han puesto en Mates?

–Un seis.

–Bueno, no está mal. Mejor un seis que un cinco.

«¡Los padres están obsesionados con los cincos!», piensa Manu.

–Nancy te desea muchas felicidades. Está en el Skype, hablando con su familia de Bolivia. Ahora se ponen Ángela y Andrés. Un beso, hijo.

Andrés y Ángela son los hijos de Nancy, la novia de su padre.

–Muchas felicidades, tío.

–Gracias, Andrés. ¿Y sabes qué? ¡Gran noticia! ¡He aprobado las Mates!

–Qué crack.

–Tú también eres un crack, tío, que has sido mi profe[2] particular…

–Tu entrenador[3] personal, je, je, como los deportistas.

–Je, je… Tenemos que celebrarlo.

–Hecho. Te paso a Ángela.

–Guapísimo, ¿qué tal lo has pasado hoy? ¿Te han hecho muchos regalos?

---

1 **tranqui** coloquialmente, "tranquilo" 2 **profe** profesor (entre jóvenes o coloquialmente)
3 **entrenador/a** técnico que prepara a los deportistas

–Sí, bastantes y muy guays[1]. ¿Qué tal las notas?

–Todo aprobado.

–Yo también, tía. Estoy súper contento.

–Yo también. Bueno, muchos besitos y felicidades. El finde[2] te doy mi regalo.

–Guay. Besos.

Antes de acostarse, Manu se conecta a Facebook. Tiene más de cuarenta mensajes:

«Felicidades».

«Muchas felicidades».

«Felicidades, campeón».

«¡Dieciséis! ¡qué viejo!».

«Cumpleaños feliz».

Pero Manu tiene un *shock*, con los últimos mensajes. El primero es una gran sorpresa. Es de Clara, una chica del instituto un año mayor que él.

«Felicidades para el chico más sexy del instituto».

«¿Yo el más sexy? ¿Yo?», piensa Manu totalmente sorprendido. «Tengo que invitar a esta chica a salir… Pero ¡qué miedo! Jo, siempre quiero salir con chicas, con muchas chicas, pero luego tengo miedo, mucho miedo… Esto es un lío[3]…».

«Felicidades, Manu. ¿Me llamas un día y nos vemos otra vez?».

Manu tiene taquicardia. El mensaje es de Marina. Manu estuvo enamorado[4] de ella pero la relación no acabó bien.

Y el último es de Olga, otra historia de amor sin final feliz:

«Llámame ahora que eres mayor. Feliz cumpleaños».

Más taquicardia y sólo una cosa clara:

«Yo a las chicas no las entiendo. No, no las entiendo».

---

1 **guay** coloquialmente, "fantástico", "perfecto" 2 **finde** palabra corta para "fin de semana" 3 **lío** algo complicado 4 **estar enamorado/a** sentir amor por alguien

Capítulo 2

Últimos días en Madrid

–Mamá, ¿seguro que tengo que ir a Borau[1] estas vacaciones?

–Seguro, Manu. Los abuelos tienen muchas ganas de veros.

–Sí, pero Jaime no va…

–Porque Jaime se va a Alemania a estudiar alemán.

–Jo, es injusto.

–A ver, Manu, tú vas a Borau porque, hasta ahora, siempre te ha gustado ir.

–¿Y Cristina?

–Cristina también va a ir al pueblo, pero más tarde porque el día uno se va de colonias[2]… ¿O quieres ir de colonias tú también? –le pregunta su madre.

–¡No, por favor! Odio las colonias. No tienes ni un minuto de libertad.

–Pues en el pueblo tienes toda la libertad del mundo, ya lo sabes.

–Ya, pero mis amigos están en Madrid.

– Ya, Pero si en Borau tienes muchos amigos: Xavi, Óscar, Aitor, Adrián, Pepón…

–Pero igual[3] no suben[4] este verano… Seguro que algunos se van a estudiar fuera…

–Pero…, pero…, pero… Siempre «pero»… A tus amigos de Madrid los ves todo el curso, Manu. Y tus amigos de Borau son estupendos.

–Ya, pero si no suben será un rollo[5] horrible…

---

1 **Borau** pequeño pueblo en los Pirineos de la provincia de Huesca   2 **ir de colonias** pasar unos días de verano en un lugar donde se hacen actividades organizadas para jóvenes   3 **igual** tal vez   4 **subir** ir (desde Madrid a los Pirineos)   5 **rollo** algo muy pesado o aburrido

–Bueno, Manu, basta. Lo vas a pasar tan bien como todos los años, seguro.

Por la tarde Manu sale con Carlos y con Ibrahim.

–Tíos, qué palo¹ ir este año al Pirineo…

–¿Y tienes que ir? ¿No puedes quedarte aquí, con nosotros? –le pregunta Carlos.

–Esta mañana he hablado con mi madre de eso. Sí, sí, tengo que ir…

–Chungo².

–Si están mis amigos de siempre, mola³… Pero si no…

–¿Y no hay chicas guapas? –pregunta Ibrahim.

–No, tío, de nuestra edad, sólo hay chicos…

–Bueno pero aquí, en Madrid, tampoco salimos con tantas chicas… –dice Carlos.

–No, la verdad es que no… Mal rollo.

–Tíos, ¿por qué no subís a Borau para las fiestas? Son muy divertidas –dice Manu–. Viene mucha gente de otros pueblos…

–¿Y chicas? –pregunta Ibrahim.

–Sí, muchas, muchas chicas.

–Guay. Se lo pregunto a mis padres.

–Yo también –dice Carlos.

Después se van al parque del Retiro con el *skate*.

Antes de cenar, Manu vuelve a leer el mensaje de Clara: «El chico más sexy del instituto».

Manu quiere quedar con Clara pero tiene miedo. Es demasiado tímido:

«¿Por qué soy tan tímido? ¿Por quééé? Yo quiero ser como Jaime: seguro, creído, chulo⁴…».

Manu mira y mira el mensaje de Clara. «¡Sexy! ¡Clara piensa que soy sexy!».

---

1 **palo** algo muy pesado, que no apetece hacer   2 **chungo** se usa, entre jóvenes, para decir que algo está mal o es malo   3 **mola** entre jóvenes: para decir que algo te gusta mucho   4 **ser creído/a**, **ser chulo/a** cuando alguien piensa que es mejor que los demás

Mira las fotos de Clara en Facebook:

«Mmm, es súper guapa y tiene un cuerpo… ¿Por qué no me he fijado[1] antes en ella?».

Vuelve a mirar el mensaje:

«El más sexy… Mmm, subida de autoestima».

Y, de repente, Manu se siente fuerte y le escribe un mensaje a Clara:

«¿Nos vemos mañana por la tarde?».

Antes de enviárselo, lo lee y lo relee y, al final, decide borrarlo. Pero se equivoca, aprieta el *intro* y lo envía.

«¡Socorro! ¿Qué he hecho? ¡Le he mandado el mensaje! ¡Le he mandado el mensaje! ¡Socorro! ¿Y ahora que hago? ¿Quééé hago?».

Manu está muy nervioso. Se levanta, da una vuelta por la habitación, se sienta, mira el Facebook, se vuelve a levantar, da otra vuelta, vuelve a mirar. «¿Qué he hecho? ¿Quééé he hecho? Estoy loco».

Y, de repente, ve un mensaje de Clara que pone:

«Hecho. ¿Nos vemos a las cinco en la calle Princesa, delante de El Corte Inglés?».

«Dios, dios, dios, dios… ¿pero queeé he hecho?».

Manu tiene taquicardia, está cada vez más nervioso y da vueltas por la habitación.

«Tengo que contestarle. Tengo que contestarle ya. ¿Qué le digo? Le digo que estoy enfermo… No, no, no, enfermo, no… Le digo que no puedo, que me voy de vacaciones… No, eso tampoco… Le digo que me he equivocado… Tampoco… ¿Qué hago?».

Llega Jaime a la habitación.

–¿Qué ex microbio? ¿Qué tal el día?

–Grrr. Basta de llamarme microbio.

–Yo no te he llamado microbio. Te he llamado ex microbio. Jeje.

---

1 **fijarse** mirar con atención

–Muy gracioso[1].

–¿Qué haces dando vueltas por la habitación?

–Es que estoy nervioso… Oye, Jaime, ¿tú estás tranquilo cuando quedas con una chica por primera vez?

–Sí, súper tranquilo.

–¿En serio?

–En serio. ¿Por qué estar nervioso? Si viene, es porque le gusto, ¿no?

–Eres un chulo total[2].

–Sí, sí, muy chulo, pero ligo[3] mucho más que tú.

Manu se siente peor que antes.

«Soy bajito y tímido. No sé por qué me meto en líos con las chicas», piensa Manu.

Un rato después Jaime le dice:

–Oye, microbio, ¿tienes una cita? ¿En serio? Pues unos consejos importantes: hay que contestar siempre a sus mensajes, hay que ser puntual, ser muy dulce y cariñoso, hablar de ellas y hablarles muy cerca, cada vez más cerca…

Manu no contesta. Pero escucha.

«Tengo que contestar a Clara ya».

Entra de nuevo en Facebook y escribe:

«De acuerdo. A las cinco delante de El Corte Inglés de Princesa…».

Y piensa cómo despedirse:

«¿Qué pongo? ¿"Hasta mañana"? ¿O es muy frío? ¿Pongo "un beso"? ¿O es demasiado? ¿"Un abrazo"? ¿O eso es entre chicos? Ay, ay, ay, ¿qué pongo?».

Al final decide poner:

«Nos vemos mañana».

Antes de acostarse, entra de nuevo en Facebook y ve otro mensaje de Clara:

«OK. Hasta mañana. Un besito».

«¿Un besito? Uf, uf, uf…. ¡Qué nervios!».

---

1 **gracioso/a** que hace reír. Manu lo utiliza de manera irónica   2 **total** absolutamente   3 **ligar** tener una relación amorosa no muy seria

Capítulo 3

Una cita

«Faltan ocho horas para la cita con Clara», piensa Manu cuando se despierta.

Y va al baño. Se ducha con mucho jabón, se lava el pelo con mucho champú, se seca y se pone mucho desodorante y mucha, mucha colonia.

–Pfff. ¡Cuánta colonia, Manu! –le dice su hermana Cristina.

–Es la que me regaló mamá…

–Sí, sí, pero te has puesto demasiada… ¿Has quedado con alguna chica, Manu?

Manu se pone rojo:

–¿Yo? ¡No! ¿Por qué?

–No, por nada.

Cristina sabe que, cuando Manu se pone mucha colonia, es porque le gusta alguna chica.

–Hola, Manu, buenos días –le dice su madre–. Mmm, creo que te has puesto demasiada colonia.

Manu no contesta.

–Mamá, ¿puedo comprarme un poco de ropa antes de ir a Borau mañana?

–¿Más ropa, Manu?

–Es que sólo tengo dos camisetas guays… Las otras están viejas o rotas…

–Yo también tengo que comprarme alguna cosa para el verano… –dice Cristina.

–Yo hoy no os puedo acompañar, que en el hospital tenemos un curso y llegaré muy tarde.

–Podemos ir a comprar nosotros solos…

–Sí, sí, ya lo sé. Pero me dais mucho miedo, los dos solos, sin control… A ver, Manu, tú te compras dos camisetas y unos pantalones…

–Y un bañador, mami, que el otro es muy viejo.

–Vale, de acuerdo.

–Y una sudadera[1], que en Borau hace fresco.

–Vaaale. Y nada más. Y tú, Cristina, dos camisetas y un vestido.

–Y unos pantalones, mami. Que los que tengo están muy viejos.

–Bueno, de acuerdo.

A la hora de comer, Cristina y Manu llegan a casa con muchos paquetes.

Manu está muy contento con su ropa nueva pero tiene una gran duda: «¿Me pongo la camiseta azul o la roja esta tarde?».

Manu se va a la habitación.

Se prueba todas las camisetas que tiene, todos los pantalones, todas las zapatillas.

«El más sexy, ¿eh?, el más sexy... Pues el más sexy no sabe cómo vestirse...».

Al final toma una decisión: la camiseta roja, unos vaqueros bastante nuevos y unas deportivas[2] negras.

«Con estas zapatillas parezco más alto. Bastante más alto. Voy a medirme...».

Cuando ya está vestido tiene otra duda:

«Colonia. Tengo que ponerme más colonia. Han pasado muchas horas desde esta mañana».

Y se pone mucha, mucha colonia.

«Son las cuatro. Todavía falta una hora para ver a Clara. ¿Qué hago ahora?».

Vuelve al baño. Se peina, se despeina, se vuelve a peinar...

«¿Cómo estoy más sexy?», piensa.

A las cuatro y media sale de casa con un peinado muy moderno, bien vestido y nervioso.

---

1 **sudadera** jersey o chaqueta deportivos (con o sin capucha)   2 **deportivas** zapatos para hacer deporte

«Tengo que llegar puntual. Lo dice Jaime y Jaime es un experto. Un imbécil, un chulo, pero un experto... Tranquilo, Manu, tienes que estar tranquilo».

Pero cada vez está más nervioso. «Uf, uf, uf... Tengo taquicardia y estoy rojo, muy rojo, y no he traído la colonia. ¡Qué desastre!».

A las cinco menos cuarto llega a El Corte Inglés. Como es demasiado pronto, sube a la quinta planta a ver nuevos juegos para la Play. Cuando vuelve a mirar el reloj, ve que son las cinco y diez.

«¡Las cinco y diez! ¡Llego tarde! ¡Llego tardísimo! Los chicos tienen que ser puntuales y yo ya llego tarde... ¡Socorro!», piensa y baja corriendo por las escaleras automáticas.

«Clara espera, por favor. Espérame. Ya llego, ya llego. Un minuto, un minuto y llego».

A las cinco y cuarto Manu sale de El Corte Inglés y busca a Clara, pero Clara no está en ninguna parte.

«Se ha ido. ¡Se haaa ido! Y aquí está el chico más sexy del instituto súper cansado de correr, rojo, con taquicardia y solo, completamente solo. Uf, ¡qué mal rollo!».

Manu se sienta en un banco.

«¿Y ahora qué hago? No tengo su móvil... No la puedo llamar. ¡Qué desastre[1]!».

A las cinco y media Manu decide irse a casa, hacer la maleta, acostarse y dormir para olvidar la cita del chico más sexy del instituto con la chica que lo ha estado esperando y se ha ido.

Triste, Manu empieza a bajar por la calle Princesa cuando oye:

«¡¡¡Manu!!! Eh, Manuuuu. Perdona. Siento llegar tarde... Es que me he liado[2] con el metro y he salido en otra estación. ¿Estás enfadado?».

Manu no lo puede creer. Clara está a su lado.

«Es mi día de suerte», piensa Manu.

---

1 **qué desastre** expresión para decir que una situación es muy mala   2 **liarse** equivocarse

Capítulo 4

Hola y adiós

–¿Dónde vamos, Manu? ¿Lo has pensado?

Manu no ha pensado nada. Sólo ha pensado en la ropa, la colonia, en Clara… y en los juegos de la Play.

«No he pensado nada, ¡nada!… A ver ¿dónde podemos ir? ¡Socorro!».

Recuerda las palabras de Jaime: «Tengo que pensar en ella…». Y encuentra la solución:

–¿Y tú? ¿Has pensado algo? –le pregunta a Clara.

–¿Por qué no vamos al Rataplán?

–Guay.

Pero Manu no sabe qué es el Rataplán ni dónde está.

–Podemos ir andando, ¿no? –dice Clara–. Desde aquí son unos veinte o veinticinco minutos.

–Vale.

Bajan por Princesa hasta Plaza España, luego giran y se meten en el barrio de Malasaña y allí, en la plaza del Dos de Mayo, está el Rataplán, una discoteca de adolescentes muy de moda.

Clara es muy simpática y muy habladora. Mientras andan, Manu escucha y le pregunta cosas sobre ella. «Tengo que interesarme por ella. Eso ha dicho Jaime».

–¿Y qué tal las notas? –le pregunta Manu.

–Bien. Muy bien. Todo aprobado. Un curso más y ya en la Universidad.

–¿Y qué quieres estudiar en la Universidad?

–Derecho. Quiero ser abogada. Me encanta.

–Sí, porque los abogados hablan mucho –dice Manu.

–¿Qué quieres decir? ¿Qué yo hablo mucho?

Manu se pone muy, muy rojo. «Creo que lo que he dicho no es muy romántico...».

–No, bueno..., yo...

–Je, je. Sí, es verdad, Manu. Me gusta mucho hablar. Pero los abogados también escuchan mucho y tú no me has explicado nada de ti...

«Uy, esto sí que me da miedo», piensa Manu.

–Pero ya sé algunas cosas...

–¿En serio? –le dice Manu.

–Sí, sé que estudias en el mismo instituto que yo...

–¡Claro! Je, je.

–Sé que tienes casi quinientos amigos en Facebook. Y que tienes unas fotos muy chulas[1].

«Dios, Clara ha mirado mis fotos...».

–Sé que tu madre es enfermera.

–¿Y cómo lo sabes? –le pregunta Manu.

–Porque mi madre es ginecóloga y trabaja en el mismo hospital.

–Qué casualidad.

–Y también sé que eres hermano de Jaime, un ligón[2] que cambia de chica cada semana.

Manu no sabe qué decir. «Jaime, siempre Jaime y sus líos con las chicas».

–¿Y cómo sabes eso de Jaime?

–Todo el mundo sabe cómo es tu hermano, Manu. Guapo, simpático, chulo y ligón... Tú no eres como él, ¿verdad? –le pregunta Clara–. ¿Tú cambias de chica cada semana?

Manu piensa: «Yo sólo he tenido dos o tres relaciones en dieciséis años. ¡Una chica cada semana! No, no he tenido esa suerte...». Pero dice:

–¡No! ¡Qué va! Yo no soy así...

---

1 **chulo** coloquialmente, muy bonito o que nos gusta mucho   2 **ser ligón/a** una persona que liga mucho, que tiene muchas relaciones

–Mejor –dice Clara.

Y siguen andando.

Llegan al Rataplán. Está lleno de gente. Encuentran a bastantes compañeros del instituto, casi todos de la clase de Clara.

«Todos son mayores que yo. Y más altos. Bastante más altos», piensa Manu. Y se siente bajo y demasiado inseguro para una chica como Clara.

–¿Qué quieres tomar, Clara?

–Una clara.

–Je, je. Una clara[1] para Clara.

A Manu le gusta Clara. Le gustan sus ojos, tan verdes, le gusta su nariz, tan recta, le gusta su color de pelo y le gusta mucho el cuerpo de Clara…

Manu hace lo que le ha dicho Jaime. La mira a los ojos todo el rato y le habla cerca, cada vez más cerca.

Y, de repente, la besa. Y Clara lo besa. Y se besan. Y Clara ya no habla. Y Manu tiene mucha taquicardia pero no le importa.

«Mmm, ¡cómo me gusta esta chica! ¡Y qué bien besa! Mmm. No, no quiero ir mañana a Borau».

Un amigo de Clara, que pasa por ahí, les hace una foto con el móvil:

–Mirad qué guapos, parejita[2].

Pero a Manu y a Clara sólo les importa estar juntos, solos y tranquilos, en ese rincón.

–¿Qué hora es? –pregunta, de repente, Manu.

–Las diez y cuarto.

–¡Las diez y cuarto! Tengo que irme, Clara. Me esperaban en casa para cenar. Y ya llego tarde.

–Voy contigo –dice Clara.

1 **clara** gaseosa con cerveza   2 **pareja** o **parejita** dos personas que tienen una relación amorosa

Salen corriendo, cogidos de la mano. En el metro se besan y se besan.

–Estos jóvenes de hoy en día no tienen moral –dice una viejecita que está sentada a su lado.

Pero a ellos no les importa.

A las once menos cuarto de la noche, Clara y Manu se despiden:

–¿Nos vemos mañana? –le pregunta Clara.

Manu se siente fatal. No quiere ir al Pirineo. Quiere quedarse en Madrid, con Clara todo el verano.

–Tenemos un problema, Clara –le dice Manu–. Mañana me tengo que ir fuera a pasar el verano.

–Jo, qué palo[1].

–¿Tú que vas a hacer?

–Bueno, hasta mitad de julio voy a estar por aquí, luego, con mis padres y mis hermanos nos vamos unos días a Venecia y, después, vamos a Asturias, al pueblo de mi madre. Hasta el veinticinco de agosto, más o menos.

–Jo, no nos vamos a ver hasta finales de agosto, Clara –dice Manu muy triste–. Dos meses son mucho tiempo…

–Sí, mucho tiempo sin ver al chico más sexy del instituto. Qué pena. Qué pena tan grande.

Y se besan apasionadamente. Besos, muchos besos para todo el verano.

---

1 **qué palo** algo muy duro o difícil

Capítulo 5

Nostalgia y vergüenza

El viaje a Borau desde Madrid es muy largo. Casi cinco horas en coche. Cuando llevan dos horas, su padre le pregunta:

–¿Te pasa algo, Manu? Desde que hemos salido de Madrid no has dicho nada.

–Ya.

–¿Paramos para desayunar?

–Bueno.

Desayunan en un bar de la autopista, pasado Zaragoza.

–¿De qué quieres el bocadillo, Manu?

–No quiero comer. No tengo hambre.

–Pero, Manu, toma un bocadillo o algo.

–No, no tengo hambre, papá. En serio.

Fernando está preocupado. La madre de Manu le ha dicho que Manu no tiene ganas de ir a Borau.

–¿Estás enfadado por algo, Manu?

–No.

–Manu, ¿no te gusta ir a Borau?

–Sí, pero este año no me apetece subir.

–¿Pero por qué?

–No sé. Me apetecía estar en Madrid.

–Pero Madrid en agosto es terrible. No queda nadie y estás en el mismo sitio de siempre, lleno de turistas y con un calor horrible.

–Ya.

–Venga, Manu, anímate, que seguro que te vas a divertir este verano…

–Ya.

«Esto es la edad. Seguro que es la edad», piensa su padre. «Las hormonas son terribles[1]. Terribles».

«¿Y cómo le digo a mi padre: "Papá, no quiero subir porque estoy enamorado de una chica de Madrid y sólo quiero estar con ella besándola y besándola todo el verano"».

Cuando llegan al pueblo, los abuelos de Manu están muy contentos de verlo:

–¡Qué alegría! ¡Qué guapo estás, Manuel!

El abuelo siempre lo llama Manuel.

–¡Y cuánto has crecido, Manu!

Después de comer Manu deshace su maleta y pone su ropa en el armario.

«¡Por fin una habitación para mí sólo!».

También saca su ordenador, el iPod y los juegos de la Play que ha traído. Deja el *skate* en el jardín y se sienta debajo de un árbol. Intenta conectarse con el móvil a internet, pero no tiene cobertura[2].

1 **terrible** muy malo   2 **tener cobertura** disponibilidad del servicio en un teléfono móvil

«¡Qué raro!», piensa.

Va al salón donde está su padre con los abuelos:

–Papá, ¿tú tienes cobertura en tu móvil?

–Sí, creo que sí… A ver… Pues no, ¡qué raro!

–¿De qué habláis? No entiendo nada de lo que estáis diciendo –dice el abuelo.

Fernando y Manu se ríen. El abuelo no entiende nada de móviles ni de ordenadores.

Manu está muy preocupado. Ayer se olvidó de pedirle el número de teléfono a Clara y, por eso, sólo puede conectarse con ella en Facebook. «¡Y no hay internet! ¡Socorro!».

Un rato después va a ver si ha llegado algún amigo. Por suerte, Xavi, uno de sus mejores amigos del verano, ya está en el pueblo.

–Eh, Manu, ¿cuándo has llegado?

–Hace dos horas. ¿Y tú? ¿Cuándo llegaste de Barcelona?

–Ayer. ¿Qué tal todo? –pregunta Xavi.

–Chungo, tío. No tenía ganas de venir este año…

–¿Por qué? Si aquí lo pasamos súper bien…

–No sé, tío… Aquí hay pocas tías…

–Ya… Pero a mí las tías me agobian[1]…

–¿Te agobian?

–Son unas pesadas. Todo es cuqui, mono, chuli[2]… Todo el día hablando de ropa y de tíos…

–Tío, exageras cantidad[3].

–¿Sabes? He traído la bici.

–Guay.

A Xavi le gusta mucho hacer deporte: saltar con su bici bmx, el *skate*, jugar al frontón[4] o ir a todas partes con su bici de montaña.

–Oye, ¿y tu hermana? –le pregunta Manu.

---

1 **agobiar** molestar, asfixiar, sentir que no puedes respirar   2 **cuqui, mono/a, chuli** bonito
3 **cantidad** mucho   4 **frontón** típico juego del norte de España en el que se lanza una pelota contra una pared

–Va a venir dentro de unos días.

Xavi tiene una hermana menor, María, que tiene dos años menos que él.

–¿Y Cristina? –le pregunta Xavi.

–Creo que viene el quince. Oye, ¿ha venido alguien más?

–Sí, está Óscar, que vino el sábado de Zaragoza y Aitor, que ha llegado hoy de Bilbao… Ah, y Pepón.

–Guay. Oye, ¿tú te puedes conectar a internet?

–No sé. Hoy no lo he intentado. Pero creo que podemos pillar[1] el wifi de los vecinos de casa.

Xavi va a buscar su portátil y se sientan en un banco de la calle. La conexión funciona. Manu entra en su perfil de Facebook. Tiene un mensaje:

«Estás etiquetado[2] en una foto».

Hace clic en el *link* y se pone rojo, rojo como un tomate, más rojo que ayer, más rojo que nunca.

«¡Socorro! Una foto de Clara y mía besándonos ayer en el Rataplán. ¡Socorro!».

Pero eso no es lo peor. «¡Y ochenta y ocho comentarios! ¡Ochenta y ocho!».

Manu empieza a leer los comentarios:

«Ohhh, estáis guays».

«¡Qué monos!».

«¡Qué cuquis!».

«¡Qué pareja tan chula!».

«¡Menkanta![3]».

«¡Cuánto amor!».

«Estoy súper *happy*[4] por ti, Clara».

Así, ochenta y ocho veces. ¡Socorro! Todo el mundo se va a enterar[5].

---

1 **pillar** entre los jóvenes: conseguir o coger algo 2 **etiquetar** cuando ponen tu nombre en una imagen en internet 3 **menkanta** algunos jóvenes en los textos entre amigos o en los mensajes de móviles escriben de modo diferente al correcto 4 **happy** En el lenguaje juvenil a veces se usan algunas palabras muy conocidas del inglés 5 **enterarse** descubrir o ser informado de una noticia o información

Manu tiene taquicardia y no tiene ningún mensaje de Clara. Sabe que tiene que ser él el primero en escribir y sabe que ella está esperando su mensaje:

Empieza a escribir:

«¿Qué tal, Clara? Muy bien la tarde de ayer. Ya estoy en el pueblo…».

«¿Pongo "muy bien" o pongo "me encantó"? ¿Pongo "te echo de menos[1]" o "pienso en ti"? Jo, me cuesta más redactar estos mensajes que las redacciones de la clase de Lengua…».

Al final decide poner:

«¿Qué tal, Clara? Ya he llegado al pueblo y te echo de menos. Me encantó estar contigo ayer ☺. Besos».

Y, después, le escribe otro mensaje:

«¿Has visto nuestra foto en Facebook? ¡Socorro!».

1 **echar de menos** pensar todo el día en alguien que no está

Capítulo 6

Días de verano

Las consecuencias de la foto en Facebook son terribles. Cristina, la hermana de Manu, lo llama al móvil:

–Sales con una chica y no me dices nada, ¿eh?

–Sólo estuvimos juntos una tarde…

–Ja, no me lo creo.

–De verdad, Cristina. Clara me escribió el día de mi cumple, le mandé un mensaje y salimos una tarde. Nada más.

–Pues qué rápidos, ¿no? Un rollete[1] la primera tarde…

–Una cosa, Cris, ¿Jaime se ha enterado?

–Claro que se ha enterado. Lo sabe todo el mundo.

–Uf, qué vergüenza.

También recibe un mensaje de Andrés, el hijo de la novia de su padre, que se ha ido a pasar el verano a Bogotá:

«Mira el microbio… Me voy unos días de Madrid y enseguida se enrolla[2] con una tía… ¡Y qué guapa!».

Ángela, la hermana de Andrés, lo llama por teléfono:

–Pero, Manu. Yo antes pensaba que tú eras súper tímido…

–Y lo soy, Ángela. Muy, muy tímido…

–Pues estás cambiando, tío. Este año has tenido una historia de amor con Marina, otra con Olga y ahora con Clara… Jo, eres un *sex symbol*.

«Clara dice que soy sexy. Ángela piensa que soy un *sex symbol*… Y, en cambio, tengo miedo y taquicardia todo el día».

---

1 **un rollete** un ligue, una relación amorosa poco seria   2 **enrollarse** empezar una relación amorosa poco seria

Pero lo peor es cuando suena el móvil y pone «Jaime».
Manu decide no contestar. Jaime llama y llama y, al final,
a la sexta llamada, Manu contesta:

–Microbio, pronto vas a tener más éxito que yo con las
mujeres… ¡Qué tío! ¡Eres un ligón total!

–Muy gracioso.

–Todo el mundo me habla de ti… «Tu hermano es más
ligón que tú», «tu hermano tiene más éxito con las chicas
que tú», «muchas chicas piensan que tu hermano es muy
sexy…»…

–No es nada. Sólo un beso. Y un imbécil que hizo la
foto y la colgó en Facebook.

–Es que eres tan famoso que ya tienes *paparazzi*… Je,
je.

–Bueno, basta, Jaime. No tiene gracia…

–Bueno, microbio, chao. Y cuidado con las chicas, que
son muy peligrosas…

–Adiós, pesado.

«Uf. Prueba superada», piensa Manu.

Hace sol y decide ir a la piscina. Allí están Xavi y Óscar.

Manu se mete en la piscina y empieza a nadar: una
piscina, dos piscinas, tres piscinas… Necesita sacar
la adrenalina. Cuatro piscinas, cinco piscinas, seis
piscinas… Al final, muy cansado, se tumba encima de su
toalla, al lado de Xavi.

Xavi parece enfadado.

–¿No vas a explicármelo? ¿Voy a ser el último en
saberlo, tío?

Manu no sabe de qué está hablando.

–¿El qué?

–Creo que tienes un rollete, ¿no? He visto la foto en
Facebook.

–Uf. Maldita[1] foto. Sí, salí una tarde, una tarde, con una chica del instituto. Y nos enrollamos y un amigo suyo nos hizo una foto con el móvil cuando estábamos besándonos y la colgó en Facebook. Y ahora lo sabe todo el mundo y yo tengo que explicar la misma historia a mis hermanos, a mis amigos... y pronto al señor del bar, al policía y al alcalde[2]... Estoy harto[3].

–Bueno, tío. Tampoco es tan grave.

–Estoy harto. Muy harto. Yo soy tímido, Xavi. Y no me gustan estas cosas... Todo el mundo hablando de mí. No me gusta.

–Bueno, colega[4], tranqui. En dos días nadie hablará de vosotros.

–Eso espero.

–Venga, anímate, que esta tarde tenemos partido de fútbol.

–Ostras[5], es verdad. ¿A qué hora?

–A las seis.

–¿Y no entrenamos antes? Mejor entrenar un poco, ¿no?

–Sí, mejor, porque no somos un gran equipo, ¿eh?

–No, muy buenos no somos...

–¿A las cinco en el campo?

–Guay.

–Voy a llamar a la gente... –dice Xavi.

–Me quedo el portátil un momento, ¿vale?

Cuando Xavi se va, Manu se vuelve a conectar. En Facebook tiene varios mensajes de Clara.

«¿Por qué estás tan preocupado por la foto, Manu? No pasa nada... Y es taaan romántica... Yo también te echo de menos. Pienso mucho en ti».

Otro mensaje:

---

1 **maldito/a** para decir que algo es muy negativo y malo   2 **alcalde** el máximo responsable de un pueblo o una ciudad   3 **estar harto/a** muy cansado y enfadado con algo   4 **colega** se usa entre jóvenes para decir que son amigos   5 **ostras** se usa para expresar sorpresa

«Tengo ganas de verte y faltan muchos días. Muchos».

Manu está contento: «Me encanta Clara. Me encantan las chicas que contestan y que dicen lo que sienten. Así las puedo entender mejor».

Clara está en el chat y Manu se conecta:

–Eoooo, Clara.

–¡Manu! ¡Qué bien! ¿Qué tal?

–Pensando en ti.

–Yo también estoy todo el día pensando en ti.

–¿Qué haces?

–Nada. Esta mañana he ido a la piscina y dentro de un rato voy al cine con unos amigos… ¿Y tú?

–Hoy tenemos un partido de fútbol. Veraneantes[1] contra jóvenes del pueblo.

–¿Y quién ganará?

–Yo creo que ellos.

–¿En serio?

–Juegan siempre juntos y juegan bien. Y nosotros sólo jugamos juntos en verano… Y nunca entrenamos…

–Pero en el instituto dicen que tú eres un crack, que metes muchos goles…

–Exageran.

–No, no creo.

–Oye, una cosa, Clara, no tengo tu móvil.

–Es verdad: 616754345.

–El mío es el 618769816. Es que aquí a veces nos quedamos sin internet…

–Así podemos estar más conectados…

–Sí, sí, conectados… pero sólo *on line*… Estamos demasiado lejos… Y yo quiero verte de verdad, estar contigo de verdad…

–Mmm, tengo muchas ganas de besar al chico más sexy del instituto que, además, es un crack del fútbol…

---

1 **veraneante** persona que está en un lugar para pasar el verano, pero que no vive en ese lugar el resto del año

–Y yo a la chica más guapa, interesante y divertida que he conocido…

–Guauuuu[1]. Bueno, te dejo, que he quedado y aún tengo que arreglarme…

–Eres tan guapa que no necesitas arreglarte, Clara…

«Creo que esto que he dicho es muy romántico», piensa Manu.

–Je, je… Gracias, guapo.

–Adiós, cariño.

Desconectan. Y Manu se queda fatal[2]: «Dios, dios, dios…. Le he dicho "cariño". ¿Por qué le he dicho "cariño"? ¿Por quééé? ¡Qué vergüenza[3]!».

El partido de fútbol es bastante duro para el equipo de Manu. Los del pueblo juegan muy bien: todos están muy fuertes, se entienden muy bien y tienen un portero muy bueno. Los veraneantes no se entienden, están poco concentrados y están algo nerviosos y desentrenados[4]. El partido termina 3 a 1. Manu ha marcado el único gol del equipo de los veraneantes.

---

1 **guau** se usa para expresar que algo nos gusta mucho   2 **fatal** muy, muy mal   3 **vergüenza** las personas tímidas tienen mucha vergüenza en determinadas situaciones y se ponen rojas
4 **desentrenado/a** poco preparado físicamente

Capítulo 7

Cambios y sustos

Los días del verano van pasando. Hace ya casi tres semanas que Manu está en el pueblo y se está divirtiendo mucho con sus amigos: van a la piscina, nadan en el río, van en bicicleta, juegan a frontón y a fútbol... Además, este verano han montado un grupo musical: Manu escribe raps, Óscar toca el teclado, Aitor y Adrián, que llegó hace unos días, la guitarra, Pepón canta y Xavi graba vídeos de los conciertos que organizan en casa de Xavi.

–¡Qué bueno el vídeo, Xavi! Pareces un profesional.

–Je, je. Pues este rap es súper chulo, Manu...

–Y el teclado mola mucho, Óscar –le dice Manu.

–¿Por qué no lo cantamos en fiestas, en la plaza? –propone Aitor.

–No, tío, ¡qué vergüenza! –dice Manu y se pone rojo sólo de pensarlo.

Cuando llegó al pueblo, Manu, con su ordenador portátil, se sentaba alguna tarde en el único banco de la calle, donde llega el wifi, entraba en Facebook y le mandaba mensajes a Clara... Pero, hace unos cuantos días, Manu se siente un poco raro. Ya no piensa en Clara todo el día y muchas noches ya no se acuerda de ella. Hay días que no tiene ganas de escribirle, los mensajes que le escribe son más cortos, más fríos, menos románticos y le escribe menos veces que antes.

«¿Qué me está pasando? –piensa Manu. ¿Es porque está demasiado lejos? ¿Es porque prefiero divertirme con los amigos? ¿Es porque han pasado muchos días sin vernos? ¿O es porque soy muy raro?».

Hoy Manu está muy nervioso y muy preocupado porque ha decidido escribir a Clara y explicarle todo lo que le está pasando. Primero lee otra vez los mensajes que le ha escrito Clara en Facebook, los mensajes del móvil, los chats y se da cuenta de que Clara también ha cambiado: escribe menos, está más seria, no es tan cariñosa y ya no dice que lo echa de menos.

«¿Qué nos está pasando? No lo entiendo. No entiendo nada. No entiendo a las chicas, no entiendo cómo funcionan las relaciones... Pero tampoco me entiendo a mí... La vida es un lío. Un gran lío».

Se conecta a Facebook y ve que Clara le ha escrito un mensaje por la mañana:

«Manu, no sé qué me está pasando... Me gustas mucho, muchísimo, pero quiero libertad. No quiero tener una relación con nadie en este momento... Y menos con un chico que está a más de cuatrocientos kilómetros... Lo siento. ¿Amigos?».

Después de leerlo dos o tres veces, Manu está muy triste pero también está de acuerdo con Clara.

«Demasiado lejos, sí. Y demasiado poco tiempo juntos... Una tarde juntos. ¡Solo una tarde juntos! Pero qué pena, quééé pena. Tan guapa, tan simpática, tan inteligente y tan sexy... Tengo que contestarle ya, pero ¿quééé le pongo?».

Manu necesita un tiempo para pensar, para reaccionar, para poder contestar el mensaje... Ahora no puede pensar con claridad[1]...

«No quiero perder[2] a Clara pero tampoco quiero estar todo el verano pensando en ella pero sin ella. Buf, no sé, qué lío...».

Xavi pasa por allí:

−¿Te pasa algo, Manu?

1 **claridad** tranquilidad   2 **perder** dejar de tener algo o a alguien

–No, no, nada.

–Tío, a ti te pasa algo…

–Nada, nada, de verdad…

–Vale, vale. Nos vemos.

–Oye, Xavi, ¿me dejas tu bici[1] un rato? Me apetece mucho dar una vuelta.

–Sí, claro. Está ahí.

–Vuelvo enseguida.

Manu sube en la bici de montaña de Xavi y empieza a bajar por una carretera que es bastante estrecha, muy empinada[2] y llena de curvas[3].

«Necesito correr, necesito correr mucho y olvidar[4]».

Manu va muy rápido.

«Olvidar a Clara».

Manu va cada vez más rápido:

«Sí, olvidar. Olvidar a las chicas, olvidar los mensajes, las fotos, los besos…».

Manu va mucho más rápido:

«Olvidarlo todo».

Y, de repente, en una curva, todo se vuelve negro. Y no hay ningún ruido. Sólo hay silencio.

A las siete de la tarde todos los amigos de Manu van a entrenar para el partido contra los del pueblo. Cuando llegan al campo de fútbol, Manu no está:

–¿Dónde está Manu? ¿Alguien lo ha visto?

–Yo lo he visto antes de comer –dice Adrián.

–Y yo lo he visto sobre las cinco. Estaba sentado en el banco con el ordenador… –les explica Xavi–. Y estaba un poco raro, como triste o enfadado…

Pasan diez minutos y Manu no llega:

–Es muy extraño[5], ¿no?

---

1 **bici** bicicleta   2 **empinado/a** que tiene mucho desnivel   3 **curva** que no es recta   4 **olvidar** lo contrario de recordar   5 **extraño** raro

–Un momento –recuerda Xavi–. Antes, cuando lo he visto, me ha pedido la bici. Voy un momento a casa a ver si ha dejado la bici allí.

Unos minutos después, vuelve Xavi:

–Esto es súper raro… Manu no está en ninguna parte: he mirado en mi casa, en su casa, en la plaza, en el banco del wifi… Y no está. Y la bici tampoco.

–Sí que es raro. Manu siempre llega el primero para jugar a fútbol… –comenta Pepón.

–Quizás[1] está dando vueltas con la bici y no se ha dado cuenta de la hora –dice Adrián.

–¿Qué hacemos?

–¿Empezamos a entrenar sin él?

–Sí, ya vendrá.

Y todos los amigos del grupo de Manu, el equipo de los veraneantes, empiezan a jugar a fútbol, para poder ganar al equipo rival[2]. Todos menos Manu.

Por la carretera sube un coche. Es la madre de Xavi con María, que ya ha terminado las colonias y llega al pueblo para pasar el resto del verano.

–Uy, mamá, qué bien. Otra vez en Borau.

–¿No lo has pasado bien en las colonias este año?

–Sí, muy bien. Pero me apetece estar aquí y estar con mis amigos… Y, sobre todo, tengo muchas ganas de ver a Cristina.

–Cristina llega mañana. Hablé el otro día con sus abuelos y me lo dijeron. Creo que vienen Cristina, su padre, y la hija de la novia de su padre, Ángela.

–Ah, sí, es verdad.

El coche sigue subiendo por las curvas:

–Mira, mamá, ¿qué es eso de ahí?

–¿El qué?

---

1 **quizás** se utiliza para expresar que algo es posible o probable   2 **rival** en deporte, la persona o equipo contra el que se juega

–¿No lo ves? Hay algo en el suelo… ¡Es la bicicleta de Xavi!

–¿La bicicleta de Xavi? ¿Y Xavi? ¿Dónde está Xavi?

–¡Para, mamá! ¡Para! –grita María.

Y baja corriendo del coche.

Se acerca y ve a Manu en el suelo, inconsciente.

–Manu. Maaanu. Maaaaanu.

María le da golpes[1] en la cara.

–Maaanu despierta. Despiértate, por favor.

La madre de María se acerca y ve que Manu está muy mal. Hay mucha sangre[2], está inconsciente y una pierna y un brazo parecen rotos.

–Voy a llamar a una ambulancia.

La madre vuelve al coche a buscar el móvil y María se queda al lado de Manu.

–Manu, por favor, despiértate, despiértate… Ahora viene una ambulancia. Tranquilo, tranquilo.

Manu abre los ojos. Le duele todo:

–¿Qué ha pasado? ¿Qué ha pasado? –pregunta.

Y se queda inconsciente otra vez.

María le habla:

–Manu, despierta… Abre los ojos… Háblame…

De repente, Manu vuelve a abrir los ojos y ve a una chica rubia, muy rubia, de ojos grises, muy grises, guapa, muy guapa, que mueve los labios…

Manu no oye nada. Pero piensa: «Es un ángel».

–Manu, Maaaaanu. Soy yo. María.

«¿María? ¿María? ¿Quién es María? –piensa, medio dormido, Manu–. Yo sólo conozco a una María, que es la hermana de Xavi, pero es pequeña. No, ésta no es María. Es un ángel. Un ángel rubio. ¡Y yo sin nada de colonia! ¡Socorro!».

Todo se vuelve negro.

---

1 **dar golpes** en esta situación tocar fuerte y varias veces con la mano a alguien   2 **sangre** líquido rojo que tenemos dentro del cuerpo

Capítulo 8

Parejitas

Llega la ambulancia y se lleva a Manu al hospital. La madre de María y María van también en su coche y se quedan en la sala de espera de Urgencias.

Un rato después sale un médico:

–¿Los familiares de Manuel Vázquez?

–Yo soy una amiga de la familia –le dice al médico la madre de María–. Lo hemos acompañado nosotras al hospital. ¿Cómo está?

–Bueno, por suerte no tiene nada grave. Está bien pero no recuerda nada de la caída…

–¿Y eso es normal?

–Sí, a veces pasa cuando hay golpes en la cabeza…

–¿Pero no es grave? ¿Seguro?

–No, no… Lo más importante es que tiene una fractura[1] en la pierna derecha y dos dedos de la mano derecha también están rotos.

–Vaya.

–El resto –continúa el médico– son golpes, golpes poco importantes en los brazos, en la cara, en la espalda…

–¿Y puede volver a casa?

–Sí, dentro de un rato ya se puede ir. Pero tiene que hacer reposo[2]. Tiene que estar unos ocho o diez días sin moverse, en la cama o en el sofá, y volver al hospital para una revisión[3].

–De acuerdo, doctor. ¿Tiene que tomar algo?

–Aquí lo tiene todo escrito. Esto cada ocho horas, esto por las mañanas y, si tiene dolor, pueden darle estas pastillas cada cuatro horas…

1 **fractura** palabra técnica para decir que un hueso del cuerpo está roto   2 **hacer reposo** descansar, no poder moverse de la cama o del sofá   3 **revisión** una visita al médico para controlar cómo va todo

–De acuerdo. Muchísimas gracias, doctor.

María y su madre se sientan y esperan. Una media hora después, llega Manu sentado en una silla de ruedas[1] del hospital, con la pierna escayolada[2], con todo el cuerpo lleno de tiritas[3] y con la cara de mil colores.

–Pobre, Manu, ¿qué tal estás? –le pregunta la madre de María.

–Bueno, he estado mejor en otros momentos –dice Manu intentando reírse.

–Manu, Manu, qué susto me has dado –le dice María dándole un beso en la cara.

–Ay, qué daño.

–Uy, perdona.

Manu mira a María. Alta, guapa... «Ya no es la hermana «pequeña» de Xavi. Nada pequeña. Ya es toda una mujer... ¡Y qué mujer! ¡Una súper mujer!», piensa Manu.

Y también piensa: «¡Dios mío, me duele todo y pienso en chicas... ¡Estoy enfermo de la cabeza, muy enfermo!».

Cuando llegan al pueblo, todos los amigos de Manu están esperándolo en la puerta de su casa.

–Pero, tío, ¿qué te ha pasado? –le pregunta Óscar mientras le da un abrazo.

–Uy, uy... –dice Manu–. No vale dar abrazos, ni besos, ni golpes, ¿eh? Que duele cantidad.

–Jo, Manu, ¿no sabes ir en bicicleta o qué? –le dice Pepón.

–Oye, Manu, otro día, si quieres romperte algo, no es necesario destrozar[4] mi bicicleta...

---

1 **silla de ruedas** la usan las personas que no pueden andar 2 **escayola** material duro que nos ponen cuando nos rompemos un hueso 3 **tirita** material de plástico que se pega en la piel cuando nos cortamos 4 **destrozar** romper algo completamente

–Jo, Xavi, lo siento mogollón[1], de verdad. ¿ha quedado muy mal la bici?

–Hombre, un poco…

–Te la pagaré, Xavi. Tengo algo de pasta[2]…

–Que no, que no… No pasa nada. La arreglo y ya está.

–¿Pero qué te ha pasado exactamente? –le pregunta Adrián.

–Pues, nada. Le he pedido la bici a Xavi, me la ha dejado y he empezado a bajar por la carretera. Iba bastante rápido, creo, y ya no me acuerdo de nada más.

–¿No te acuerdas de nada?

–No, de nada. De repente he oído mi nombre y, cuando he abierto los ojos, he visto a una chica súper guapa a mi lado… He pensado que era un sueño, pero no.

–¿Y quién era esa chica tan guapa? –pregunta Pepón.

–¡María!

–¿María? ¿Ya ha llegado? –pregunta Óscar.

–Oye, Xavi –le pregunta Manu–, ¿por qué no nos has dicho que María está tan cambiada, tan alta, tan guapa y tan sexy?

–¿Te parezco sexy, Manu?

Es María. Manu no ha visto que llegaba. Manu se pone muy, muy rojo. Pero nadie se da cuenta porque tiene la cara de mil colores.

–En serio, Manu, ¿te parezco sexy? –le vuelve a preguntar María.

Manu está muy relajado por los calmantes que le han dado en el hospital y, de repente, le dice:

–Pues sí, María, me pareces muy, muy sexy. La más sexy de todas las chicas que conozco.

Cuando termina de hablar, Manu tiene más taquicardia que nunca y sabe que está más rojo que nunca.

---

1 **mogollón** mucho (entre jóvenes o coloquialmente)   2 **pasta** en lenguaje informal, dinero

«Tengo que volver al médico –piensa–, al hospital, a urgencias, a la UVI[1]…».

–Mmm, qué bien, Manu. Mi autoestima ha subido mogollón –le dice María, riéndose–. Tú tampoco estás mal esta tarde…. Je, je, je…

Al día siguiente llegan al pueblo el padre de Manu, Cristina y Ángela.

Después de dejar las maletas y de saludar a los abuelos, van corriendo a ver a Manu a su habitación.

Manu tiene la cara, y casi todo el cuerpo totalmente morados[2].

–Pero, hijo, ¡qué horror! Tienes un aspecto horrible…

–Sí, pobrecito –le dice Cristina– ¿Te duele mucho? ¿Estás muy mal?

Cristina se acerca para darle un beso.

–No, Cris, no. Besos no, que me duele mucho la cara –le dice Manu.

–Pooobre.

–Pareces el dibujo de un cómic, Manu –le dice Ángela–. Je, je… ¿Te duele mucho?

–Sí, me duele todo…

–¿Y qué tomas para el dolor? –pregunta su padre.

–Un montón de pastillas. Mira, todo eso de ahí… Pero lo peor no es el dolor –dice Manu, muy triste–. Lo peor es que tengo que hacer reposo muchos días… Ni fútbol, ni fiestas, ni baile, ni nada…

«Ni chicas. Adiós a las chicas», piensa Manu.

–Jo, pobre. Vamos a venir mucho a verte, Manu –le dice Cristina.

–Jo, el viernes llegan Carlos e Ibra. Vienen a verme y yo aquí, en la cama…

1 **UVI** Unidad de Vigilancia Intensiva 2 **morado/a** de color violeta. Se usa, también, para describir el color de la piel después de un golpe fuerte

–Bueno, ahora tú tranquilo, Manu. Carlos e Ibrahim no se van a aburrir en este pueblo y menos en las fiestas –le dice su padre.

–Pueden estar con nosotras y con tus amigos. Seguro que lo van a pasar muy bien –lo tranquiliza Cristina.

En ese momento entra Xavi en la habitación.

–Hola, Cristina. ¿Qué tal? ¿Cuándo has venido? –le pregunta. Y le da un beso.

–Hola, Xavi. ¿Cómo te va? Mira, ésta es Ángela. La hija de Nancy, la novia de papá.

Xavi la mira y se queda completamente colgado[1].

«Ángela es súper guapa. Súper, súper guapa… La chica más guapa que he visto nunca. Tan morena, tan…, no sé, tan… exótica».

Xavi no sabe qué decir y, al final, dice:

–Hola, Ángela.

Xavi se siente muy poco imaginativo.

–¿Tú eres Xavi? –le pregunta Ángela–. Cristina y Manu me han hablado mucho de ti.

–¿Cosas buenas?

–¿Buenas? No, ninguna buena… Je, je.

«Guapa. Guapa y simpática. No sé si Ángela me va a agobiar tanto como las otras chicas…».

Y Ángela piensa:

«¡Qué mono! Con esos ojos tan especiales. ¿Son verdes? ¿Son azules? ¿Son grises? Y ese pelo… Y esa cara… Mmm».

Un rato después, cuando Manu se queda solo, empieza a recordar la caída[2], la bicicleta, el mensaje de Clara… Y se da cuenta de que no le ha contestado. Decide hacerlo en ese momento y le empieza a escribir un mensaje en

---

1 **quedarse colgado/a** en este caso, enamorarse instantáneamente 2 **caída** resultado de caerse

el móvil: «Clara, entiendo lo que te pasa. Tranquila. Todo está claro. Amigos».

Lo lee, lo relee y piensa: «¿Está bien así?¿Es muy directo? ¿Demasiado duro? ¿Demasiado frío?».

–Hola, Manu. ¿Qué tal estás hoy? Madre mía, Manu, qué cara, qué color tan horrible… Pobrecito.

Es María, que está en la puerta de la habitación. Manu esconde[1] el móvil. Y piensa: «¿Dónde está la colonia? ¿Dónde estááá? María aquí y yo sin colonia. ¡Socorro!».

María entra en la habitación, se sienta a su lado en la cama y le da un beso.

A Manu le duele muchísimo, pero no dice nada. No le importa tener un poco de dolor por un beso de María.

–¿Cómo estás? ¿Te aburres[2]? –le pregunta María.

–Bueno, un poco. Pero como tengo bastante dolor y tomo muchas pastillas, duermo bastante. ¿Y tú qué tal?

–Muy bien. He visto a Cristina y hemos estado hablando mucho rato y también he conocido a Ángela. Es súper simpática.

–Sí, es muy guay y tenía muchas ganas de venir a Borau. Pero ya sabes, los abuelos son un poco raros y no entendían esto de las separaciones y la novia de papá y los hijos de la novia de papá…

–Ya.

–Pero ahora, como papá y Nancy llevan bastante tiempo juntos, ya lo entienden mejor.

–¿Y el hermano de Ángela no sube?

–No, este año no. Está en Bolivia con Nancy. Han ido a ver a la madre de Nancy, que está enferma.

Manu mira a María. «Jo. Es súper guapa. Mucho más que Marina, que Olga, que Clara… Súper guapa. Y yo en el peor momento de mi vida. Jo».

---

1 **esconder** poner algo fuera de la visión de las otras personas   2 **aburrirse** lo contrario de "divertirse"

–¿Qué vas a hacer ahora? –le pregunta Manu.

–Voy a quedarme contigo hasta la hora de cenar.

«Qué dulce, qué mona… Ay, creo que estoy colgado, muy colgado», piensa Manu, pero dice:

–No, María, no, en serio. Tienes que salir con la gente. Estar aquí, en esta habitación, todo el rato es muy aburrido.

–¿Aburrido?

María sonríe y le coge la mano a Manu.

A Manu le duele mucho pero no dice nada.

–No es nada aburrido, Manu. Es estupendo.

Manu ya no siente dolor. Pero se siente enfermo. Enfermo, nervioso y rojo.

Hablan toda la tarde: hablan del instituto, del invierno, de sus problemas… Se ríen, juegan a la Play, escuchan música, María canta un poco de jazz, Manu le enseña sus nuevos raps…

–Guays, son muy guays. Molan muchísimo, Manu. Un día podemos cantarlos juntos… ¿Sabes que yo estoy escribiendo una novela?

–¿En serio?

–Sí, sí. Quiero terminarla este verano.

–¿Y cómo se llama?

–«Amor por sorpresa».

–Como el nuestro –dice Manu. Y se pone más rojo que nunca.

María se ríe.

A las nueve y media de la noche, María le da un beso muy suave en los labios.

–Hasta mañana, Manu

–Hasta mañana, María. Gracias… He estado muy bien contigo.

María sonríe, le da otro beso apasionado y se va.

«Sí, todo está claro», piensa Manu.
Busca el móvil y le manda el mensaje a Clara.
Y piensa:
«Sí, todo está muy claro ahora».

Capítulo 9

Líos y sorpresas

El viernes llegan al pueblo Ibrahim y Carlos y, cuando ven a Manu, se quedan muy preocupados.

–Vaya, tío, qué chungo –le dice Ibrahim.

–Si esto te pasa durante el curso, guay, pero en vacaciones es muy chungo… –dice Carlos.

–No, tíos, esto nunca es guay. Me duele todo.

Un rato después llegan Xavi, Óscar, Aitor, Pepón y Adrián.

–Estos son mis mejores amigos de Madrid, Carlos e Ibrahim.

–Hola.

–Y estos mis mejores amigos de Borau.

–Hola.

–Xavi, ¿por qué no les enseñáis a Carlos y a Ibra el pueblo?

–Sí, claro. Vamos.

Cuando están delante del campo de fútbol, Óscar les pregunta:

–¿Vosotros jugáis a fútbol? Es que el domingo tenemos un partido contra los del pueblo…

–Y como Manu no puede jugar… –dice Pepón.

–Qué pena porque Manu es muy bueno… –dice Carlos.

–Sí, súper bueno.

–Pero tranquilos, que Ibra y yo somos unos crack del fútbol… ¿Verdad, Ibra?

Ibra está mirando a unas chicas que van en bicicleta:

–¿Qué? ¿Qué dices?

Carlos les explica a Xavi, Óscar, Aitor y Pepón:

–Ibra parece despistado[1], pero juega muy bien y mete muchos goles.

Por la noche, después de cenar, todo el grupo sale a dar una vuelta por el pueblo, lleno de gente por las fiestas.

Todos saben muy bien qué quieren hacer: Xavi quiere estar todo el rato con Ángela; Carlos y Cristina, que salen juntos desde hace cuatro meses, quieren estar solos; Ibra quiere estar con María, con Cristina, con Ángela y con las chicas que iban en bicicleta por la tarde; Aitor, Pepón y Adrián quieren estar con todos y María quiere estar con Manu pero Manu está durmiendo desde hace un rato.

Muy tarde, por la noche, vuelven hacia sus casas para ir a dormir, y Xavi le explica a Adrián:

–Tío, estoy súper colgado[2] de Ángela. ¡Me encanta! Pero estoy estresado, muy estresado. No sé qué hacer, no sé qué decir…

–Yo es que no entiendo nada de chicas –le dice Adrián–. Tú, al menos, tienes una hermana, pero en casa somos todos chicos… Para mí, las chicas son un misterio. Un gran misterio.

–A mí es que normalmente me agobian. Pero Ángela no. Con Ángela es distinto…

–Uy, uy, uy, que te estás enamorando…

–No sé, no sé…

En casa de los abuelos de Manu, Cristina y Ángela comparten habitación y hablan antes de dormir.

–Xavi es muy, muy mono –le dice Ángela.

–¿Verdad que sí?

–Cuando lo he visto, me ha encantado ¿Tú crees que tiene algún rollete?

–No, no creo… A mí me parece que tú también le gustas a él.

---

1 **despistado/a** que no pone mucha atención y se olvida de cosas   2 **estar colgado/a** muy, muy enamorado/a

–¿Yo?

–Sí, te miraba de una manera…

–¿En serio?

–En serio.

–Uy, qué nervios…

En la habitación de al lado, Ibrahim y Carlos también están hablando:

–María es estupenda, Ibra, pero me parece que Manu y ella tienen algo…

–¿Estás seguro?

–No, seguro, no… Yo creo que Manu está colgado. Olvida a María, mejor.

–Sí, tío, claro…

–Y cuidado con Cristina, ¿eh? Recuerda que sale conmigo.

–Ya lo sé, tío, ya lo sé… ¿Y esas chicas tan guapas que iban en bicicleta esta tarde?

–Ni idea. Pregúntaselo a Xavi o a los otros amigos de Manu.

–Carlos, es que necesito ligar, necesito ligar… Necesito ligar urgentemente –dice Ibrahim.

Y un segundo después se queda dormido.

El sábado es el día más importante de las fiestas. Durante la mañana hay muchas actividades y los amigos de Manu se divierten mucho. Después de comer, vuelven a ir al campo de fútbol a entrenar.

–Tenemos que ganar el partido. Tenemos que ganar a los del pueblo –dicen cuando empiezan a entrenar.

Ángela y Cristina van a verlos jugar. María prefiere ir a ver a Manu.

Durante el partido Xavi está muy nervioso. Sabe que Ángela está entre el público y eso lo desconcentra[1]. También la oye gritar a veces.

1 **desconcentrar** hacer perder la atención o la concentración

«¿Por qué me tiene que ver ahora y no en Barcelona cuando juego a baloncesto? A baloncesto juego mejor, mucho mejor».

Juegan bastante rato y terminan con buenas sensaciones.

Después, Cristina y Ángela se van a casa a cenar y a arreglarse para el baile de la noche.

Cuando llegan a casa encuentran a María con Manu. Están cogidos de la mano y parecen muy contentos.

–¿Qué tal, Manu? ¿Cómo lo llevas? –le pregunta Cristina.

–Bueno, me duele un poco menos. Pero estoy harto de no poder moverme… Son las fiestas y yo tengo que quedarme en casa… ¡Qué chungo!

–Sí, pobre, es un rollo.

–Me deprime muchísimo estar en la cama cuando todo el mundo está en la calle.

–Bueno, Manu, tranqui –le dice María–. No te vamos a dejar aquí sólo…

–Gracias, guapetona[1].

Manu y María se miran. Cristina y Ángela también se miran: «Estos dos están megacolgados[2]», piensan.

María se va a su casa.

Después de cenar, Cristina y Ángela están más de una hora en el baño, peinándose, maquillándose[3], cambiándose de ropa.

Cuando ya empieza a oírse la música de la orquesta[4] que toca en la plaza mayor del pueblo, Cristina y Ángela van a ver a Manu:

–¿Qué? ¿Estamos guapas?

---

1 **guapetón/a** palabra cariñosa que significa guapo/a 2 **mega**- coloquialmente, "muy"
3 **maquillarse** pintarse los ojos y los labios, por ejemplo 4 **orquesta** grupo de músicos con un director

–Guauuu –dice Manu–. Guapísimas. ¿Ese vestido es el que compramos el otro día, Cristina?

–Sí, ¿te gusta?

–Mola... Y tú, Ángela, estás súper bien con esa minifalda. Mmm. ¡Qué peligro[1]!

–Je, je.

–Bueno, Manu, nos vamos. Pensaremos en ti. Cuídate, hermanito.

Manu se queda en la cama muy triste. Oye la música, oye gente que habla por la calle, gente que se ríe... Y se siente mal, muy mal.

A las once y media de la noche María, muy guapa, con un vestido muy corto y muy bien maquillada, entra en la habitación de Manu.

–María, ¡qué sorpresa! Pensaba que estabas en la plaza. ¡Estás súper guapa!

–¿Y tú qué tal estás, guapetón?

–Uf, no sé...

–¿Te apetece bailar conmigo?

–Claro, María, es lo que más me apetece del mundo, pero no puedo...

–¿Qué no puedes? ¡Claro que puedes! Vas a ver.

María se va y entran en la habitación Xavi, Aitor y Óscar.

–¡Sorpresa! –le dicen los tres.

–¿Preparado?

–¿Preparado para qué? –les pregunta, un poco asustado, Manu.

–Para ir al baile del pueblo –le dicen.

Entre los tres cogen a Manu y lo bajan en brazos por las escaleras.

---

1 **¡qué peligro!** expresión para anunciar que algo puede tener consecuencias negativas

Abajo de las escaleras, al lado del jardín, está María con una silla de ruedas. Sus amigos dejan a Manu sentado en la silla.

–¿Y esta silla? –les pregunta Manu.

–Esta tarde –le explica María–, cuando he salido de tu casa, me he acordado de que la señora Juana se rompió una pierna el año pasado y se compró esta silla de ruedas. Xavi y yo hemos ido a verla, le hemos explicado lo que te pasa y nos la ha dejado.

–Eres genial, María. Sois geniales todos. Estoy muy emocionado[1].

–¿Vamos a la plaza?

–Un momento, que le tengo que decir una cosa a Xavi… En privado[2].

María se queda un poco sorprendida, pero se va. Todos se van y sólo se quedan Xavi y Manu.

–Por favor, Xavi, sube a mi habitación y tráeme colonia.

Un rato después, Xavi va a la plaza empujando[3] la silla de ruedas de Manu.

–Llévame al lado de María, Xavi, porfi[4].

Cuando está a su lado, Manu le dice a María:

–Hola, preciosa, ¿quieres bailar conmigo?

Y María lo abraza suavemente y la silla se mueve al ritmo de la música.

---

1 **emocionado/a** sentir algo intensamente   2 **en privado** solos, sin nadie más   3 **empujar** mover algo con fuerza   4 **porfi** entre jóvenes, "por favor". También se usa **porfa**

Capítulo 10

Fin de fiesta

Todo el mundo baila en la plaza del pueblo.

Xavi y Ángela están todo el rato juntos, bailan y se ríen y parece que se entienden muy bien.

Carlos y Cristina se divierten mucho y, como los viejos del pueblo y los padres controlan todo el tiempo, desaparecen de la plaza, para besarse tranquilamente.

Fernando, el padre de Manu, habla con la madre de Xavi y de María:

—Muchas gracias, Ana, por llevar a Manu al hospital el otro día.

—De nada. Me asusté[1] mucho cuando lo vi en el suelo… Pero por suerte no ha sido muy grave.

—Sí, por suerte.

Ibra también ha conseguido algo: bailar con una de las chicas de la bicicleta:

—¿Cómo te llamas? —le pregunta.

—Mayte. ¿Y tú?

—Ibrahim. Pero todos me llaman Ibra.

—¿No eres español?

—Sí, yo sí. Nací en Madrid. Pero mis padres son paquistanís.

—Qué guay.

La música ahora es muy romántica. Ibrahim aprovecha para estar más cerca de Mayte.

Manu está muy contento: está en la fiesta y con María, tan dulce, tan inteligente, tan guapa.

La mira y le dice:

—¿Nos vamos a un sitio más tranquilo?

—Perfecto. Te llevo yo…

---

1 **asustarse** tener miedo o estar muy preocupado

–Sí, je, je, o me llevas tú o no voy a ninguna parte.

María lleva a Manu a una pequeña plaza detrás de la iglesia. Allí también se oye la música de la fiesta.

–¿Bailas conmigo? –le pregunta María.

–Sí. Ven aquí.

María se acerca y se besan, se besan apasionadamente. Manu se siente muy, muy bien. Está tranquilo, no tiene taquicardia, no está rojo…

María también está muy bien. Le gusta Manu, ese Manu lleno de tiritas, de golpes, con la cara de mil colores, pero dulce, sensible y encantador. Y que lleva una colonia tan buena.

Un rato después vuelven a la plaza y hablan un rato con Carlos y Cristina:

–¿Sabéis la noticia? –les pregunta Cristina.

–¿Qué noticia?

–María, tu querido hermano, Xavi… y nuestra querida Ángela ¡se han enrollado!

–¿En serio?

–No lo puedo creer –dice María–. Xavi no tenía ganas de enrollarse con nadie.

–Pues míralos, allí están. Besándose.

–¿Delante de los padres de todos? Están locos.

En la plaza hay mucha, mucha gente bailando. De repente, Manu ve a Ibrahim.

– ¡Ibrahim también ha ligado!

–Sí, sí –dice Cristina–, con una chica del pueblo de al lado.

En ese momento se oyen unos gritos[1].

–¿Qué pasa?

–No sé –le dice Carlos–. Un tío le está diciendo algo a Ibra… Le está gritando. ¡Y le quiere pegar[2]!

Carlos empieza a correr y María empuja la silla de Manu corriendo también.

---

1 **gritos** palabras en voz muy alta   2 **pegar** dar golpes fuertes con la mano o con algo

En medio de la plaza un chico muy alto y fuerte, de otro pueblo, le está gritando algo a Ibrahim y lo está empujando.

–La gente de fuera os tenéis que ir a vuestro país. No os queremos aquí –le está diciendo.

–Eh, tú, ¿qué estás haciendo? –le dice Manu–. ¿Qué te crees? ¿Que este país es tuyo? Aquí hay sitio para todo el mundo.

La gente ha dejado de bailar.

–¿Tú por qué te metes[1]? Estoy hablando con él.

–Y yo estoy hablando contigo… –le dice Manu–. Me meto porque estás molestando a un amigo mío y porque estás diciendo cosas horribles…

El chico intenta coger a Manu. Pero Carlos le da un empujón[2] y lo aparta.

La gente empieza a gritar: «¡Fuera[3], fuera, fuera!». Al principio el chico no quiere irse, pero, al final, se va.

La música empieza de nuevo.

Ibrahim se acerca a Manu y lo abraza:

–Gracias, Manu. Estaba muy asustado.

–De nada, Ibra. Era un imbécil, un gran imbécil. Pero, no más abrazos, porfa, que me duele todo…

–Uy, perdón… Y gracias, muchas gracias, Carlos.

En ese momento, Mayte se acerca a Ibra y le dice:

–Ahora todavía me apetece más bailar contigo…

Ibra la coge de la mano y se va al centro de la plaza a bailar con ella.

María está orgullosa de Manu.

–Eres el mejor, Manu.

–No, tú eres la mejor.

Y se van a la plaza de detrás de la iglesia para besarse tranquilamente, solos, sin nadie más.

---

1 **meterse** cuando alguien entra, sin permiso, en la conversación de otras personas   2 **dar un empujón** dar un golpe tan fuerte que mueve a la otra persona   3 **fuera** aquí significa "no te queremos aquí"

¿Quieres leer más?